AF200092

Impressum
Verlag: BABADADA GmbH, Nedderfeld 112 , 22529 Hamburg
Geschäftsführer / Verlagsleitung: Harald Hof
Druck: Books on Demand GmbH, In de Tarpen 42, 22848 Norderstedt

Imprint
Publisher: BABADADA GmbH, Nedderfeld 112 , 22529 Hamburg, Germany
Managing Director / Publishing direction: Harald Hof
Print: Books on Demand GmbH, In de Tarpen 42, 22848 Norderstedt

school
escola

classroom
sala de aulas

divide
dividir

186/2

board
quadro

school yard
pátio da escola

teacher
professor

paper
papel

write
escrever

pen
caneta

desk
escrivaninha

ruler
régua

book
livro

pupil
aluno

satchel

sacola

pencil case

estojo de lápis

pencil

lápis

pencil sharpener

apontador de lápis

rubber

borracha

drawing pad

bloco de desenho

drawing

desenho

paintbrush

pincel

paint box

estojo de tintas

scissors

tesoura

glue

cola

exercise book

livro de exercícios

homework

lição de casa

number

número

add

somar

subtract

subtrair

multiply

multiplicar

calculate

calcular

letter

letra

alphabet

alfabeto

word

palavra

text
texto

read
ler

chalk
giz

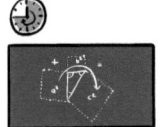
lesson
hora

register
registro da classe

exam
exame

certificate
certificado

school uniform
uniforme escolar

education
educação

encyclopedia
enciclopédia

university
universidade

microscope
microscópio

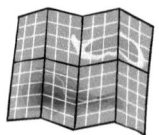
map
mapa

waste-paper basket
cesto de lixo

hotel
hotel

Grand

hostel
albergue

ROOMS

bureau de change
casa de câmbio

EXCHANGE

car
carro

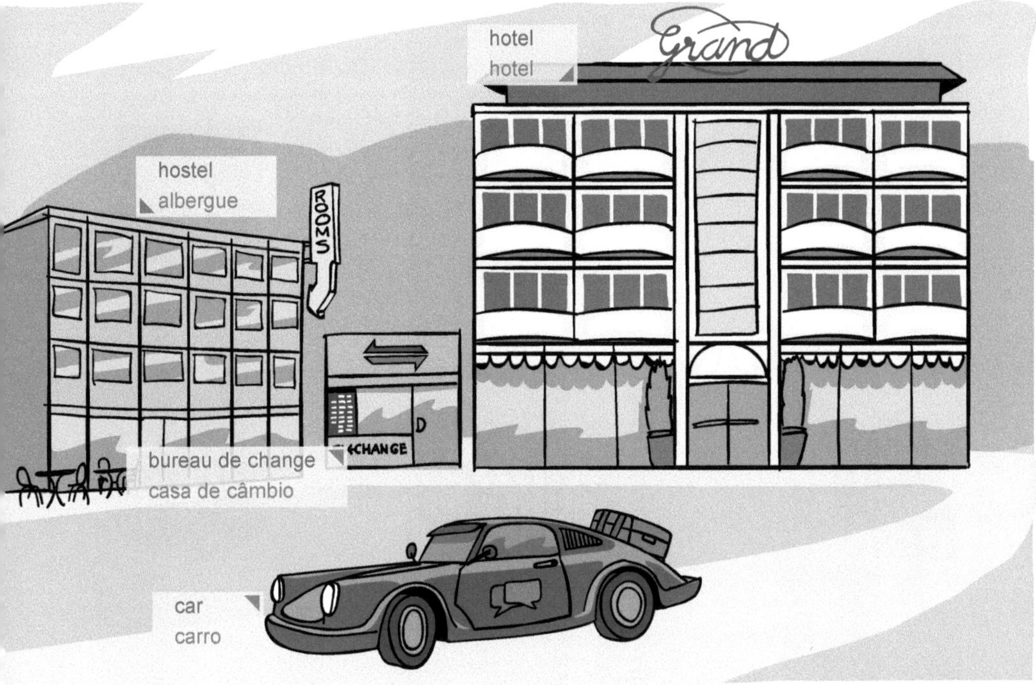

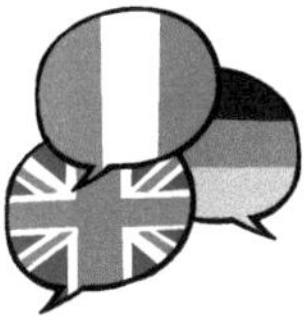

language

idioma

yes / no

sim / não

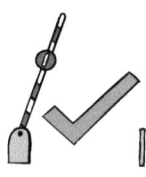

Okay

ok

hello

Olá

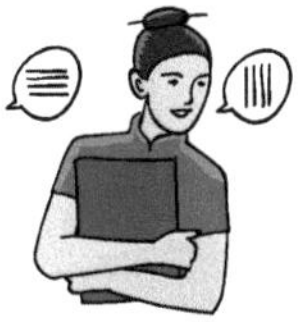

translator

tradutor

Thank you

obrigado

how much is...?

quanto custa...?

I do not understand

eu não entendo

problem

problema

Good evening!

boa noite!

Good morning!

Bom dia!

Good night!

Boa noite!

bye bye

até logo

direction

direção

luggage

bagagem

bag

bolsa

backpack

mochila

guest

convidado

room

quarto

sleeping bag

saco de dormir

tent

barraca

tourist information

informação turística

beach

praia

credit card

cartão de crédito

breakfast

café da manhã

lunch

almoço

dinner

jantar

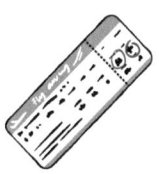

ticket

bilhete

lift

elevador

stamp

selo

border

fronteira

customs

alfândega

embassy

embaixada

visa

visto

passport

passaporte

transport
transporte

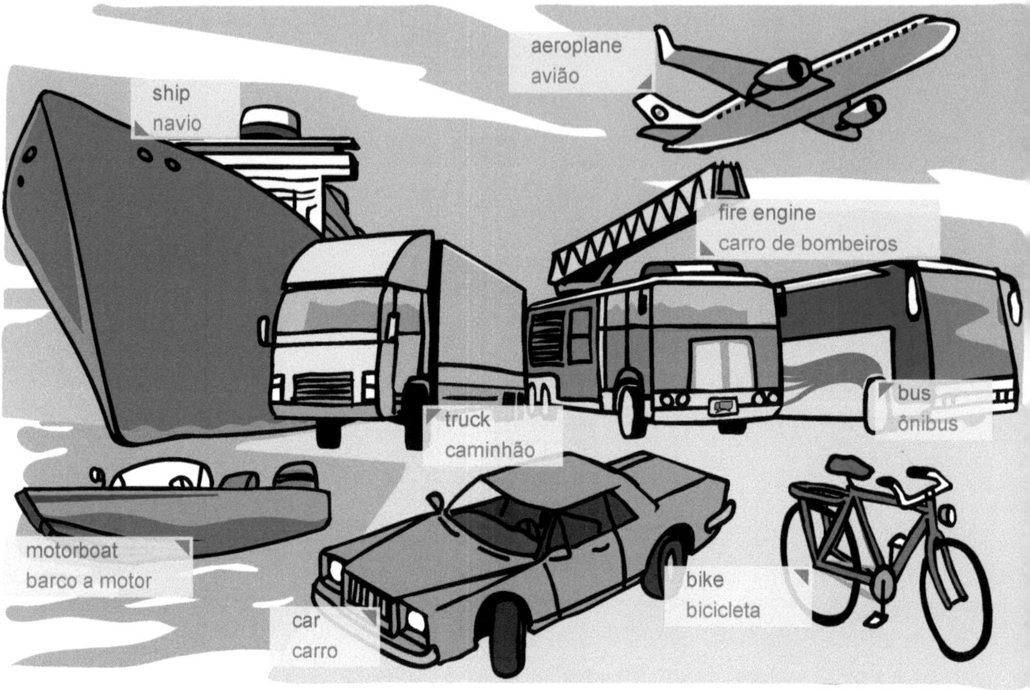

aeroplane
avião
ship
navio
fire engine
carro de bombeiros
bus
ônibus
truck
caminhão
motorboat
barco a motor
bike
bicicleta
car
carro

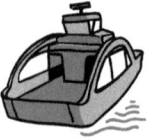

ferry
balsa

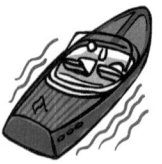

boat
barco

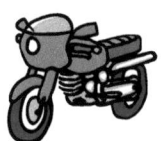

motorbike
motocicleta

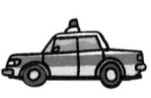

police car
veículo policial

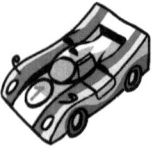

racing car
carro de corrida

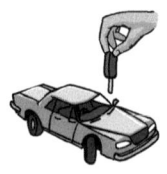

rental car
carro de aluguel

car sharing

compartilhamento de automóvel

breakdown truck

caminhão de reboque

refuse truck

caminhão de lixo

motor

motor

fuel

combustível

petrol station

posto de gasolina

traffic sign

placa de trânsito

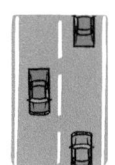

traffic

trânsito

traffic jam

trânsito lento

car park

estacionamento

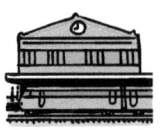

train station

estação de trem

tracks

trilhos

train

trem

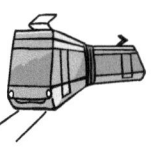

tram

bonde

carriage

vagão

helicopter

helicóptero

airport

aeroporto

tower

torre

passenger

passageiro

container

contêiner

carton

cartolina

cart

carroça

basket

cesto

take off / land

decolar / pousar

city

cidade

village

vilarejo

city centre

centro da cidade

house

casa

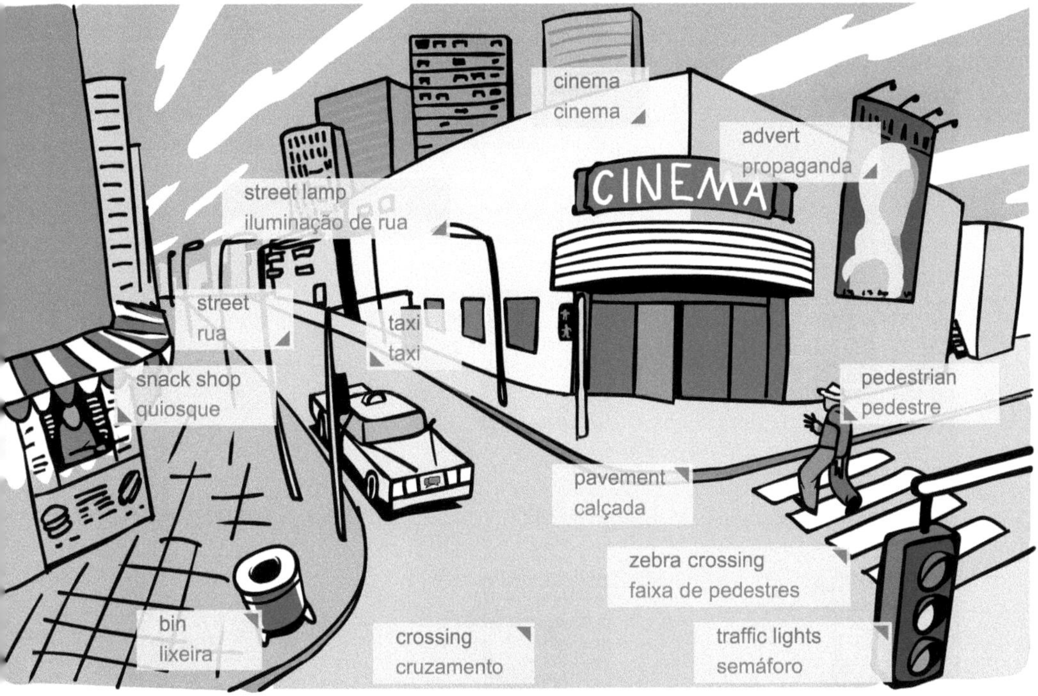

cinema
cinema

advert
propaganda

street lamp
iluminação de rua

street
rua

taxi
taxi

snack shop
quiosque

pedestrian
pedestre

pavement
calçada

zebra crossing
faixa de pedestres

bin
lixeira

crossing
cruzamento

traffic lights
semáforo

	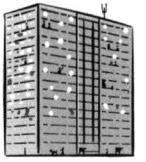	
hut	flat	train station
cabana	apartamento	estação de trem

town hall	museum	school
prefeitura	museu	escola

university

universidade

bank

banco

hospital

hospital

hotel

hotel

pharmacy

farmácia

office

escritório

book shop

livraria

shop

loja

florist's

floricultura

supermarket

supermercado

market

mercado

department store

loja de departamentos

fishmonger's

peixaria

shopping centre

centro comercial

harbour

porto

park
parque

bench
banco

bridge
ponte

stairs
escadas

underground
metrô

tunnel
túnel

bus stop
ponto de ônibus

bar
bar

restaurant
restaurante

postbox
caixa de correspondência

street sign
placa de rua

parking meter
parquímetro

zoo
zoológico

swimming pool
piscina

mosque
mesquita

farm

fazenda

pollution

poluição

graveyard

cemitério

church

igreja

playground

parquinho

temple

templo

landscape
paisagem

signpost
placa de sinalização

way
caminho

meadow
gramado

stone
pedra

hiker
caminhantes

tree
árvore

river
rio

grass
grama

flower
flor

valley

vale

hill

montanha

lake

lago

forest

floresta

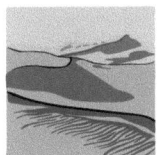

desert

deserto

volcano

vulcão

castle

castelo

rainbow

arco-íris

mushroom

cogumelo

palm tree

palmeira

mosquito

mosquito

fly

mosca

ant

formiga

bee

abelha

spider

aranha

beetle

besouro

frog

sapo

squirrel

esquilo

hedgehog

ouriço

hare

lebre

owl

coruja

bird

pássaro

swan

cisne

boar

javali

deer

veado

moose

alce

dam

barragem

wind turbine

aerogerador

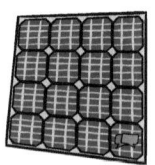

solar panel

painel solar

climate

clima

restaurant
restaurante

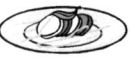

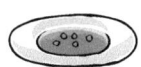

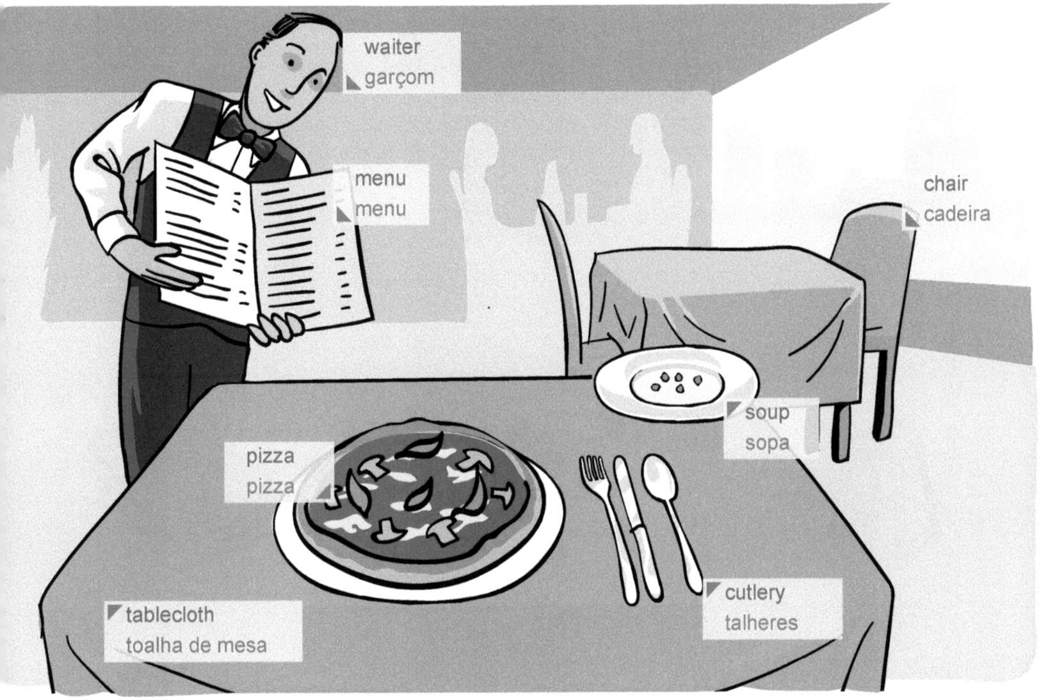

waiter
garçom
menu
menu
chair
cadeira
soup
sopa
pizza
pizza
cutlery
talheres
tablecloth
toalha de mesa

starter
entrada

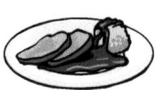

main course
prato principal

dessert
sobremesa

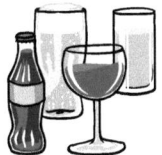

drinks
bebidas

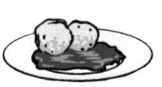

food
comida

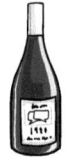

bottle
garrafa

fast food

fastfood

street food

comida de rua

teapot

bule de chá

sugar bowl

açucareiro

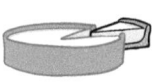

portion

porção

espresso machine

máquina de expresso

high chair

cadeirão

bill

conta

tray

bandeja

knife

faca

fork

garfo

spoon

colher

teaspoon

colher de chá

serviette

guardanapo

glass

copo

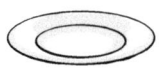

plate

prato

soup plate

prato de sopa

saucer

pires

sauce

molho

salt pot

saleiro

pepper mill

moedor de pimenta

vinegar

vinagre

oil

óleo

spices

especiarias

ketchup

ketchup

mustard

mostarda

mayonnaise

maionese

supermarket
supermercado

special offer
oferta especial
FOR
customer
cliente
dairy
laticínios
fruit
frutas
trolley
carrinho de compras

BUTCHERS

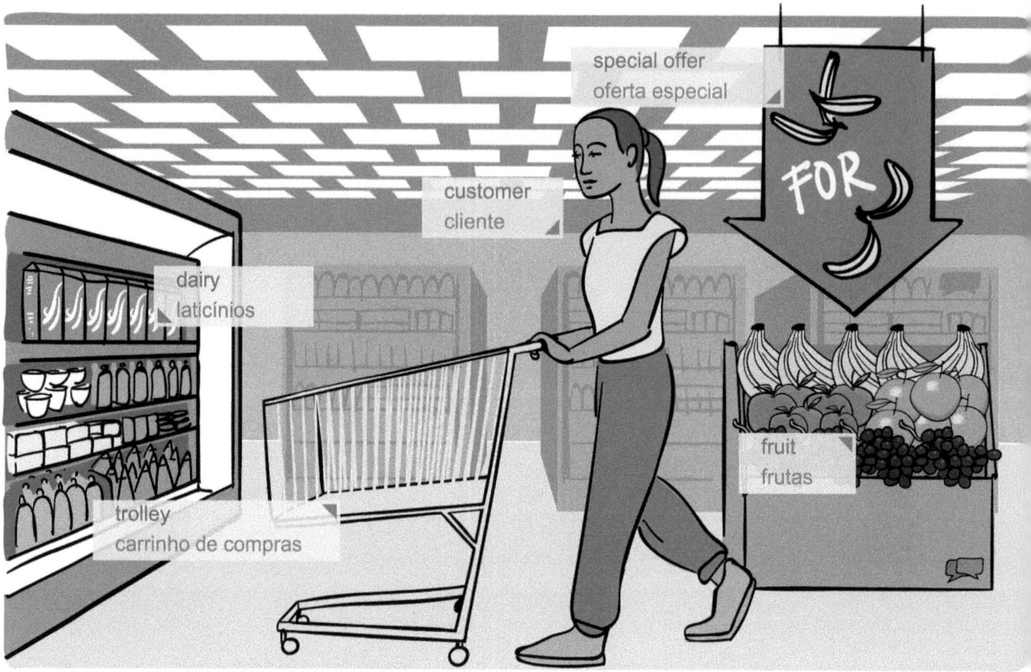

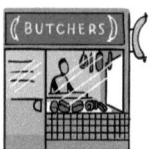

butcher´s

açougue

BAKERY

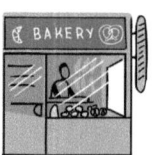

baker´s

padaria

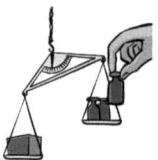

weigh

pesar

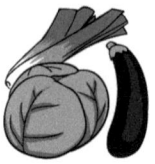

vegetables

legumes

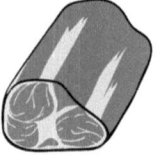

meat

carne

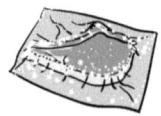

frozen food

congelados

cold meat
charcutaria

tinned food
conservas

washing powder
detergente em pó

sweets
doces

household products
artigos domésticos

cleaning products
produtos de limpeza

salesperson
vendedora

till
caixa

cashier
caixa

shopping list
lista de compras

opening hours
horário de funcionamento

wallet
carteira

credit card
cartão de crédito

bag
sacola

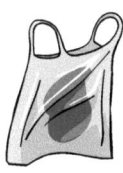

plastic bag
saco plástico

water

água

juice

suco

milk

leite

coke

coca-cola

wine

vinho

beer

cerveja

alcohol

álcool

cocoa

cacau

tea

chá

coffee

café

espresso

expresso

cappuccino

cappuccino

banana

banana

apple

maçã

orange

laranja

melon

melão

lemon

limão

carrot

cenoura

garlic

alho

bamboo

bambu

onion

cebola

mushroom

cogumelo

nuts

nozes

noodles

macarrão

spaghetti

espaguete

rice

arroz

salad

salada

chips

batatas fritas

fried potatoes

batatas frias

pizza

pizza

hamburger

hambúrger

sandwich

sanduíche

cutlet

escalope

ham

presunto

salami

salame

sausage

salsicha

chicken

galinha

roast

assado

fish

peixe

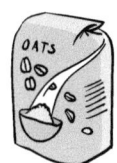

porridge oats

flocos de aveia

muesli

granola

cornflakes

flocos de milho

flour

farinha

croissant

croissant

bread roll

pãozinho

bread

pão

toast

torrada

biscuits

biscoitos

butter

manteiga

curd

requeijão

cake

bolo

egg

ovo

fried egg

ovo frito

cheese

queijo

ice cream

sorvete

sugar

açúcar

honey

mel

jam

geleia

chocolate spread

creme de avelãs

curry

curry

| goat | cow | calf |
| cabra | vaca | bezerro |

| pig | piglet | bull |
| porco | leitão | touro |

goose

ganso

duck

pato

chick

pintinho

hen

galinha

cock

galo

rat

ratazana

cat

gato

mouse

camundongo

ox

boi

dog

cachorro

doghouse

casinha do cachorro

garden hose

mangueira de jardim

watering can

regador

scythe

foice

plough

arado

sickle

foice

hoe

enxada

pitchfork

forquilha

axe

machado

wheelbarrow

carrinho de mão

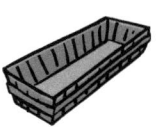

trough

manjedoura

milk can

jarra de leite

sack

saco

fence

cerca

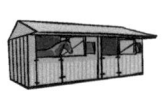

stable

estábulo

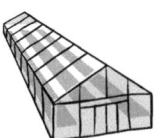

greenhouse

estufa

soil

solo

seed

semente

fertilizer

fertilizante

combine harvester

colheitadeira

harvest

colher

harvest

colheita

yams

inhame

wheat

trigo

soy

soja

potato

batata

corn

milho

rapeseed

colza

fruit tree

árvore frutífera

cassava

mandioca

cereals

cereais

house

casa

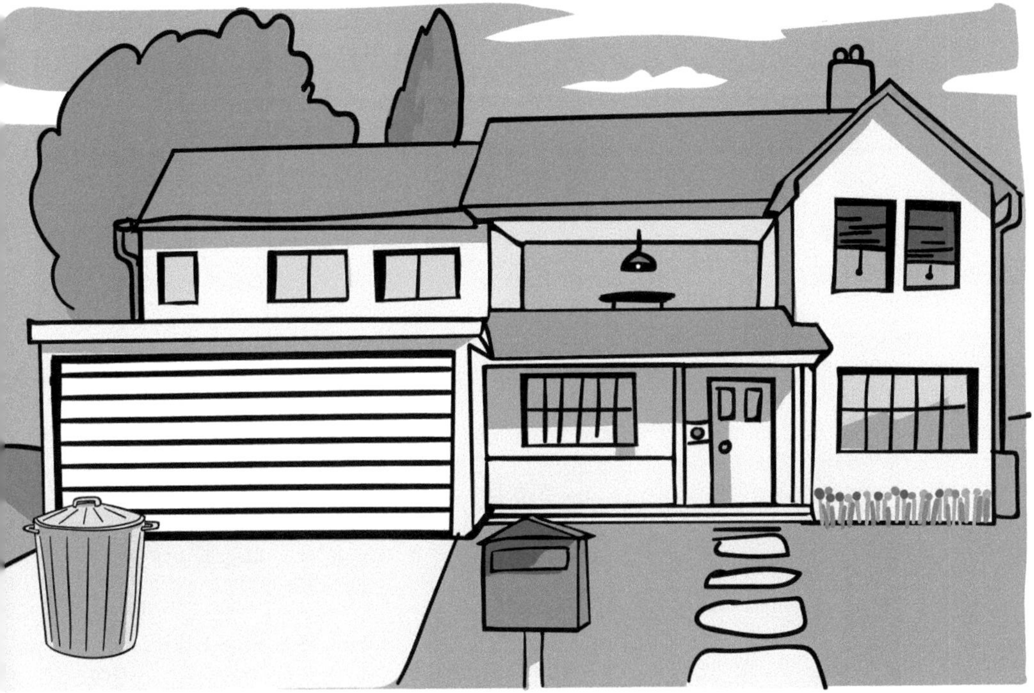

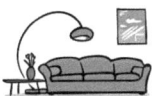

living room

sala de estar

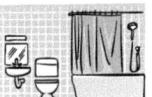

bathroom

banheiro

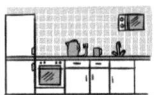

kitchen

cozinha

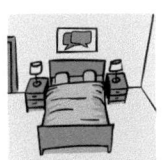

bedroom

quarto de dormir

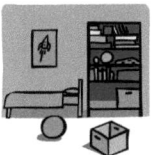

child's room

quarto de criança

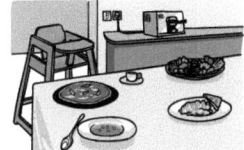

dining room

sala de jantar

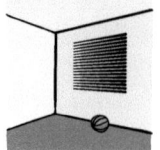

floor

chão

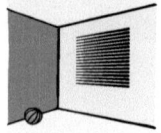

wall

parede

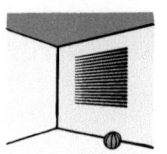

ceiling

teto

cellar

porão

sauna

sauna

balcony

varanda

terrace

terraço

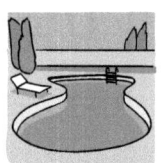

pool

piscina

lawn mower

cortador de grama

sheet

lençol

bedspread

coberta

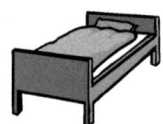

bed

cama

broom

vassoura

bucket

balde

switch

interruptor

living room
sala de estar

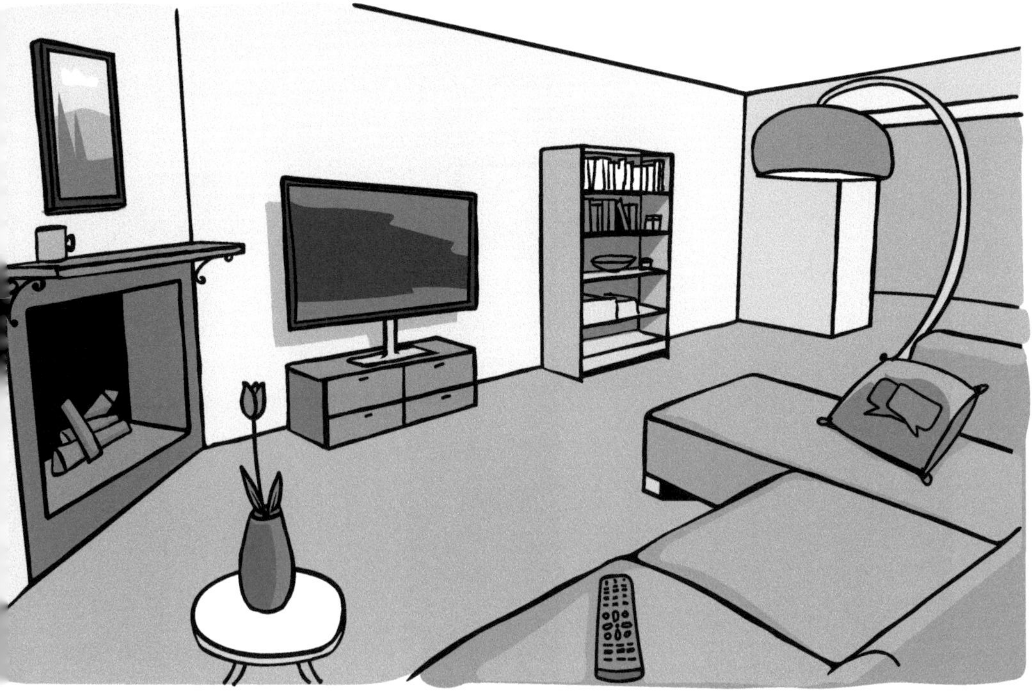

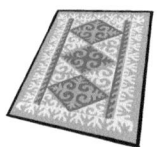

carpet

tapete

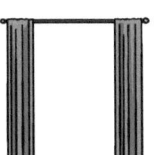

curtain

cortina

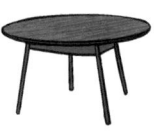

table

mesa

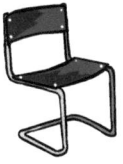

chair

cadeira

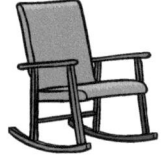

rocking chair

cadeira de balanço

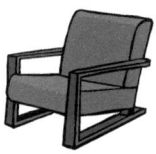

armchair

poltrona

book

livro

blanket

cobertor

decoration

decoração

firewood

lenha

film

filme

hi-fi equipment

equipamento de som

key

chave

newspaper

jornal

painting

pintura

poster

pôster

radio

rádio

notepad

bloco de notas

hoover

aspirador

cactus

cacto

candle

vela

kitchen
cozinha

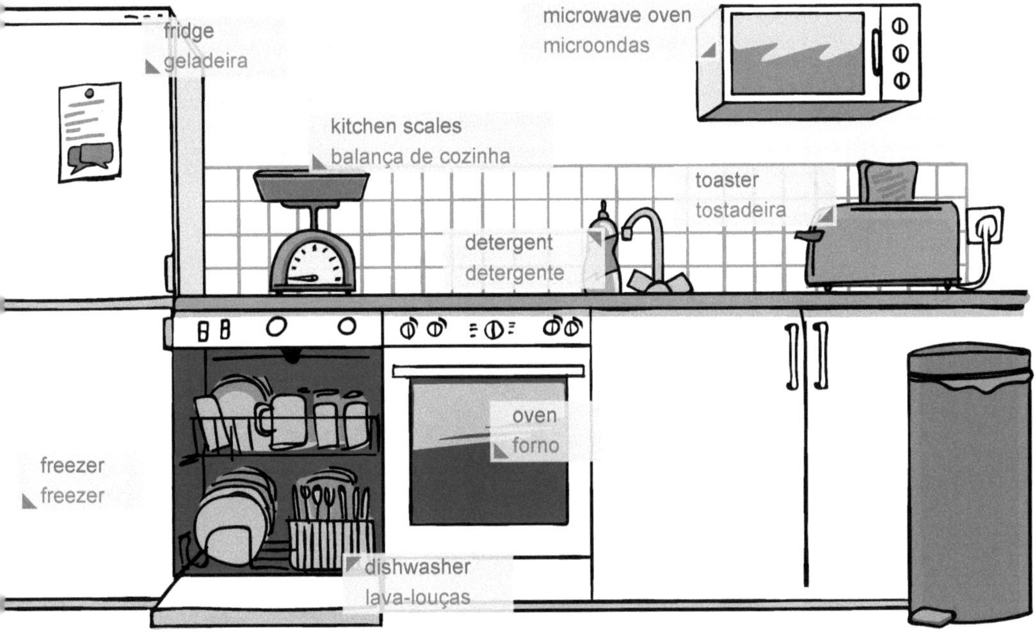

fridge
geladeira
microwave oven
microondas
kitchen scales
balança de cozinha
toaster
tostadeira
detergent
detergente
oven
forno
freezer
freezer
dishwasher
lava-louças

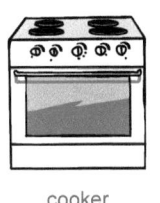

cooker

fogão

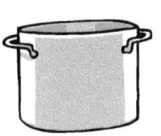

pot

panela

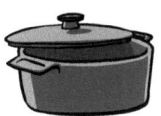

cast-iron pot

panela de ferro

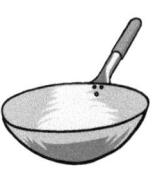

wok / kadai

wok / kadai

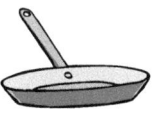

pan

frigideira

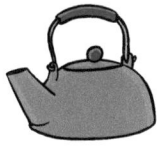

kettle

chaleira

steamer

panela a vapor

baking tray

tabuleiro de forno

crockery

louça

mug

caneca

bowl

caçarola

chopsticks

hashi

ladle

concha de sopa

spatula

espátula

whisk

batedor

strainer

escorredor

sieve

peneira

grater

ralador

mortar

almofariz

barbecue

churrasqueira

open fire

lareira

chopping board

tábua de cortar

rolling pin

rolo da massa

corkscrew

saca-rolhas

can

lata

can opener

abridor de latas

pot holder

pegador de panela

sink

pia

brush

escova

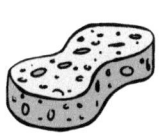

sponge

esponja

blender

liquidificador

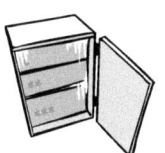

deep freezer

congelador

baby bottle

mamadeira

tap

torneira

bathroom
banheiro

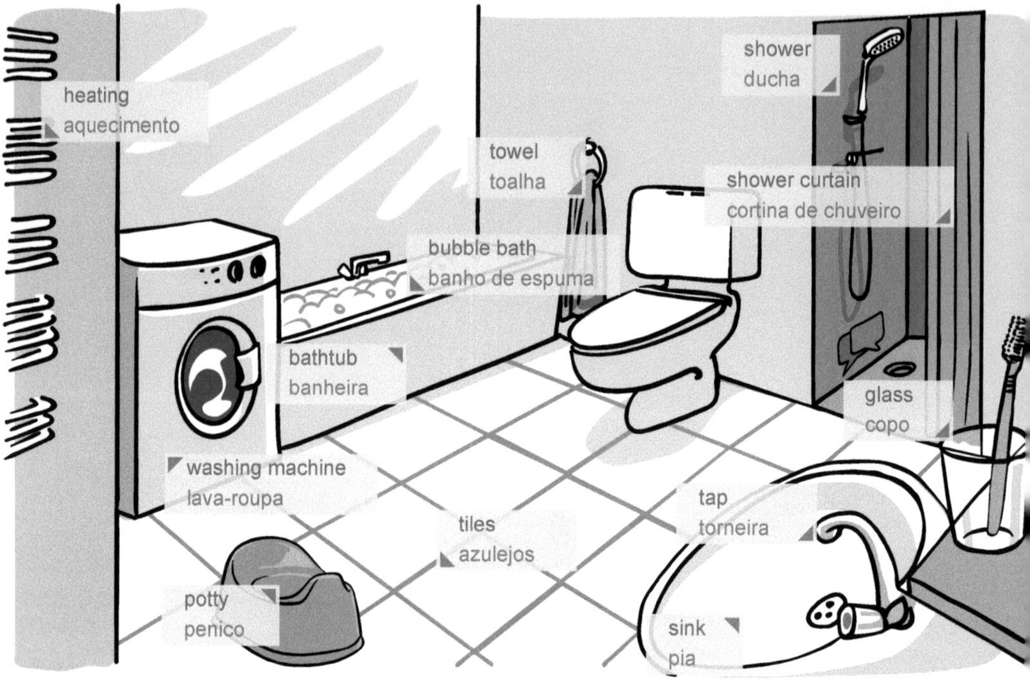

heating
aquecimento
towel
toalha
shower
ducha
shower curtain
cortina de chuveiro
bubble bath
banho de espuma
bathtub
banheira
glass
copo
washing machine
lava-roupa
tap
torneira
tiles
azulejos
potty
penico
sink
pia

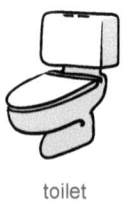

toilet
vaso sanitário

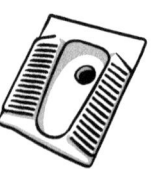

squat toilet
lavabo de agachar

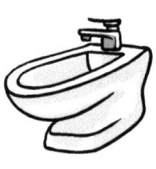

bidet
bidê

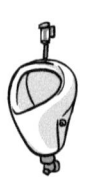

urinal
mictório

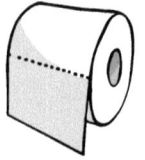

toilet paper
papel higiênico

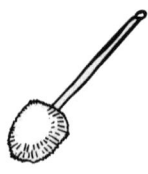

toilet brush
escova de privada

toothbrush

escova de dentes

toothpaste

pasta de dentes

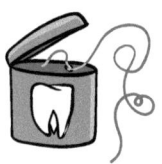

dental floss

fio dental

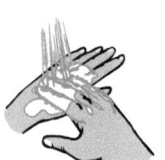

wash

lavar

handheld shower

ducha de mão

douche

ducha íntima

basin

bacia

back brush

escova para as costas

soap

sabonete

shower gel

gel de banho

shampoo

xampu

flannel

toalha de rosto

drain

escoamento

cream

creme

deodorant

desodorante

mirror	hand mirror	razor
espelho	espelho de mão	barbeador

shaving foam	aftershave	comb
espuma de barbear	loção pós-barba	pente
		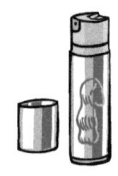
brush	hair dryer	hairspray
escova	secador de cabelo	spray de cabelo

makeup	lipstick	nail varnish
maquiagem	batom	esmalte de unhas

cotton wool	nail scissors	perfume
algodão	tesoura para unhas	perfume

washbag

nécessaire

stool

banquinho

weighing scale

balança

bathrobe

roupão de banho

rubber gloves

luvas de borracha

tampon

absorvente interno

sanitary towel

absorvente íntimo

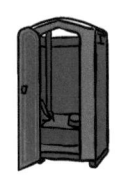

chemical toilet

banheiro químico

child's room
quarto de criança

alarm clock
despertador
cuddly toy
boneco de pelúcia
toy car
carrinho de brinquedo
rattle
chacoalho
doll's house
casa de bonecas
present
presente

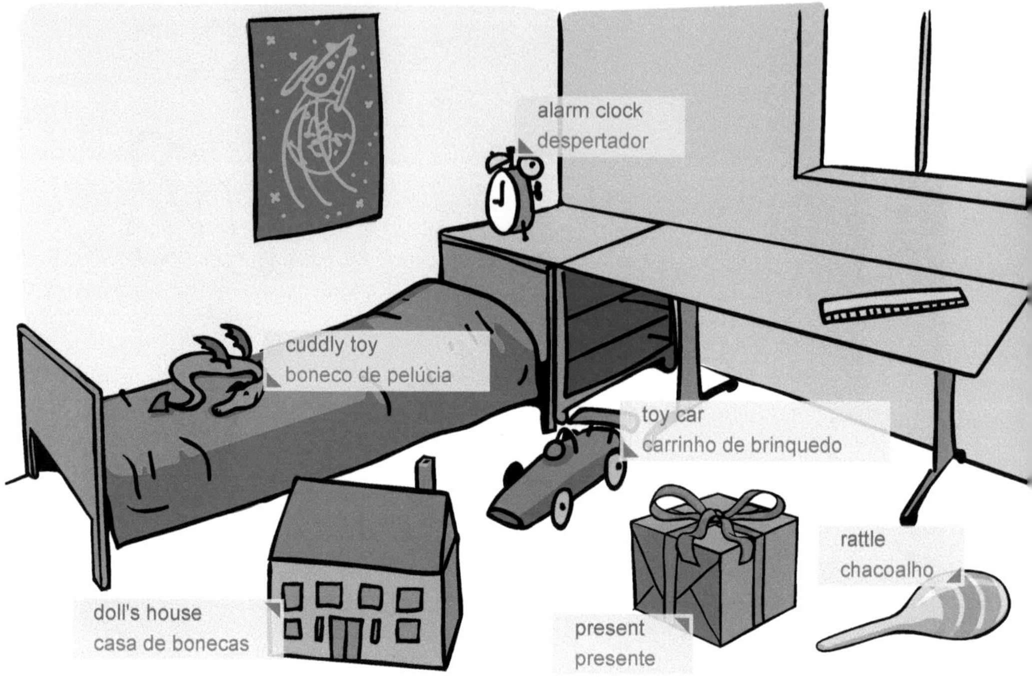

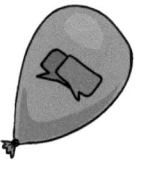

balloon

balão

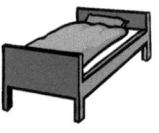

bed

cama

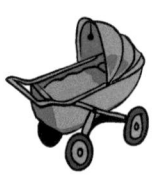

pram

carrinho de bebê

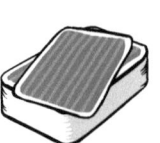

deck of cards

jogo de cartas

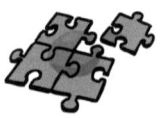

jigsaw

quebra-cabeças

SUPER
MEGA

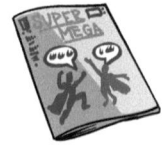

comic

revista de quadrinhos

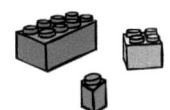

lego bricks

peças de Lego

building blocks

blocos de construção

action figure

figura de ação

babygrow

macaquinho de bebê

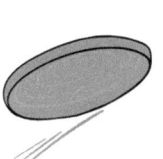

frisbee

frisbee

mobile

móbile para bebé

board game

jogo de tabuleiro

dice

dados

model train set

trenzinho elétrico

dummy

chupeta

party

festa

picture book

livro ilustrado

ball

bola

doll

boneca

play

brincar

sandpit

caixa de areia

swing

balanço

toys

brinquedos

video game console

videogame

tricycle

triciclo

teddy bear

ursinho de pelúcia

wardrobe

guarda-roupa

clothing

vestuário

socks

meias

stockings

meias pelo joelho

tights

meias-calças

scarf
cachecol

umbrella
guarda-chuva

t-shirt
camiseta

belt
cinto

boots
botas

slippers
chinelos

trainers
tênis

sandals
sandálias

shoes
sapatos

rubber boots
botas de borracha

underpants
roupa de baixo

bra
sutiã

vest
camiseta de baixo

clothing - vestuário

body

body

trousers

calças

jeans

jeans

skirt

saia

blouse

blusa

shirt

camisa

pullover

pulôver

hoodie

suéter com capuz

blazer

blazer

jacket

jaqueta

coat

casaco

raincoat

gabardine

costume

traje

dress

vestido

wedding dress

vestido de casamento

suit

terno

nightgown

camisola

pyjamas

pijama

sari

sari

headscarf

lenço de cabeça

turban

turbante

burqa

burca

kaftan

cafetã

abaya

abaya

swimsuit

maiô

trunks

sunga

shorts

shorts

tracksuit

roupa de treino

apron

avental

gloves

luvas

button
botão

glasses
óculos

bracelet
pulseira

necklace
colar

ring
anel

earring
brinco

cap
boné

coat hanger
cabide

hat
chapéu

tie
gravata

zip
zíper

helmet
capacete

braces
suspensórios

school uniform
uniforme escolar

uniform
uniforme

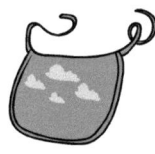

bib

babador

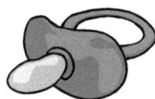

dummy

chupeta

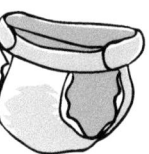

nappy

fralda

office
escritório

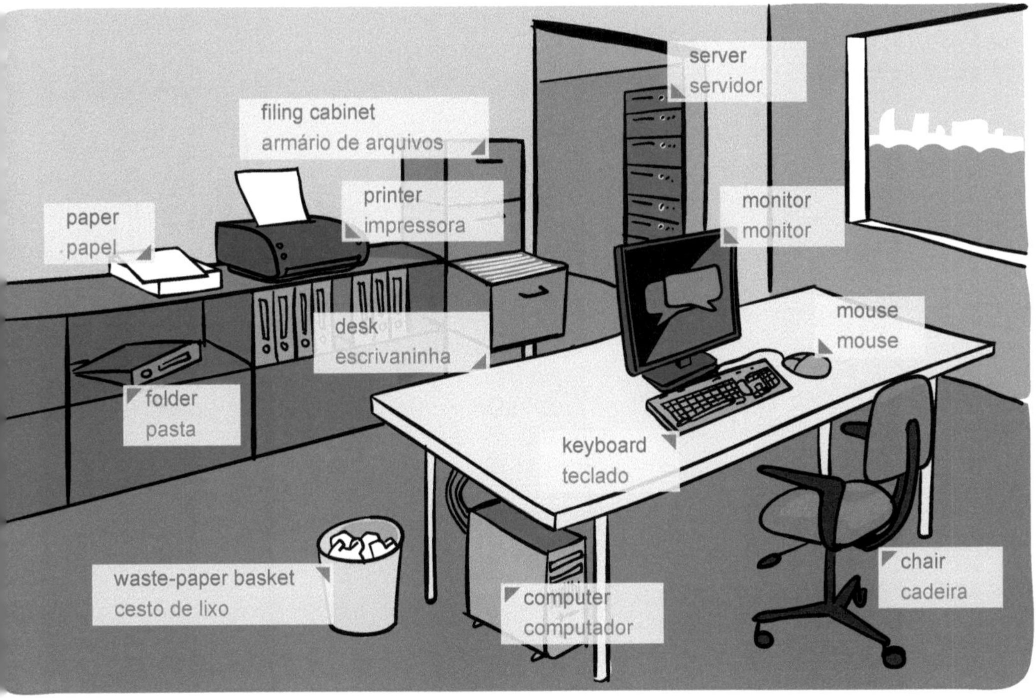
server
servidor
filing cabinet
armário de arquivos
printer
impressora
monitor
monitor
paper
papel
desk
escrivaninha
mouse
mouse
folder
pasta
keyboard
teclado
chair
cadeira
waste-paper basket
cesto de lixo
computer
computador

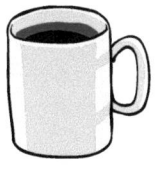

coffee mug

xícara de café

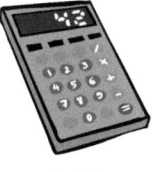

calculator

calculadora

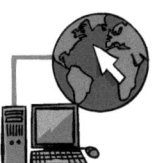

internet

internet

laptop

laptop

letter

carta

message

mensagem

mobile

celular

network

rede

photocopier

copiadora

software

software

telephone

telefone

plug socket

tomada

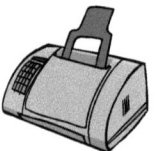

fax machine

fax

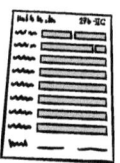

form

formulário

document

documento

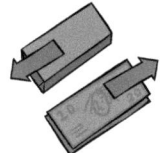

buy

comprar

pay

pagar

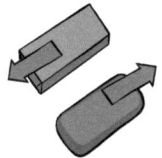

trade

negociar

money

dinheiro

 USD

dollar

Dólar

 EUR

euro

Euro

 JPY

yen

Yen

 RUB

rouble

rublo

 CHF

Swiss franc

franco suíço

 CNY

renminbi yuan

renminbi yuan

 INR

rupee

rupia

cashpoint

caixa eletrônico

bureau de change

casa de câmbio

gold

ouro

silver

prata

oil

petróleo

energy

energia

price

preço

contract

contrato

tax

imposto

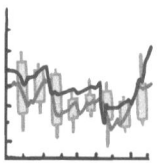

stock

ação

work

trabalhar

employee

empregado

employer

empregador

factory

fábrica

shop

loja

occupations
profissões

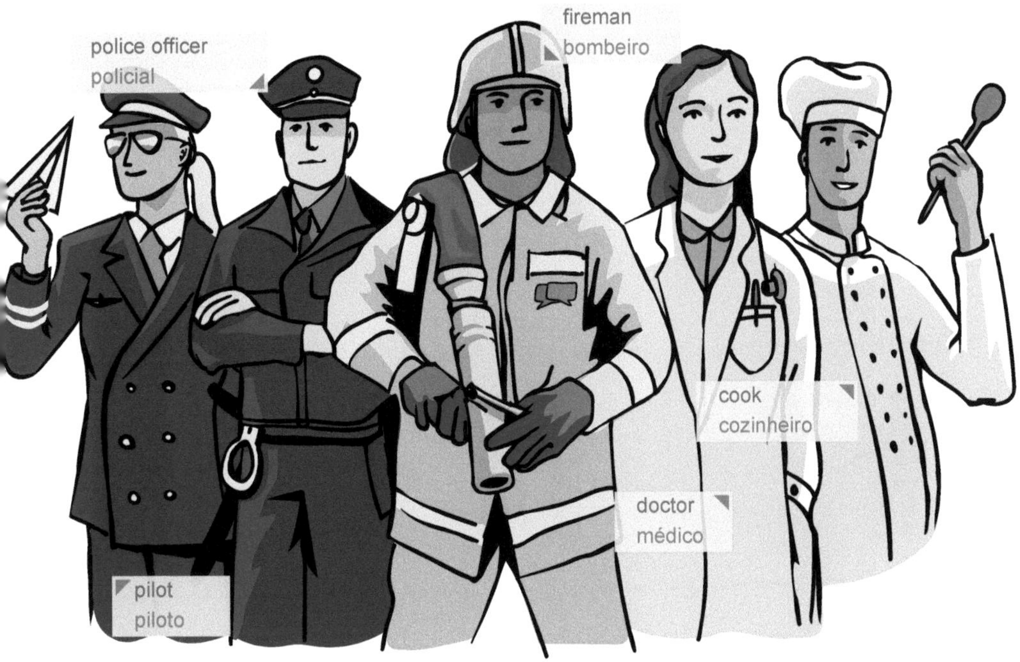
police officer
policial
fireman
bombeiro
cook
cozinheiro
doctor
médico
pilot
piloto

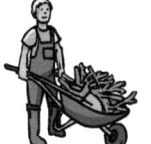

gardener
jardineiro

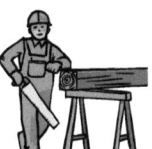

carpenter
marceneiro

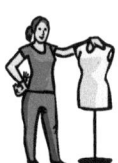

seamstress
costureira

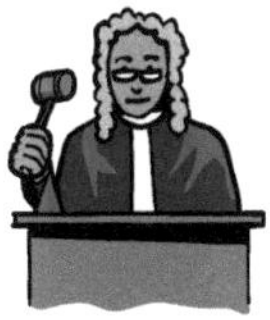

judge
juiz

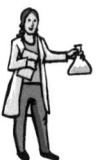

chemist
químico

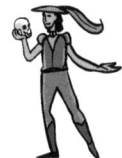

actor
ator

bus driver

motorista de ônibus

taxi driver

motorista de táxi

fisherman

pescador

cleaning lady

faxineira

roofer

telhador

waiter

garçom

hunter

caçador

painter

pintor

baker

padeiro

electrician

eletricista

builder

construtor

engineer

engenheiro

butcher

açougueiro

plumber

encanador

postman

carteiro

soldier

soldado

architect

arquiteto

cashier

caixa

florist

florista

hairdresser

cabelereiro

conductor

condutor

mechanic

mecânico

captain

capitão

dentist

dentista

scientist

cientista

rabbi

rabino

imam

imam

monk

monge

clergyman

pastor

tools
ferramentas

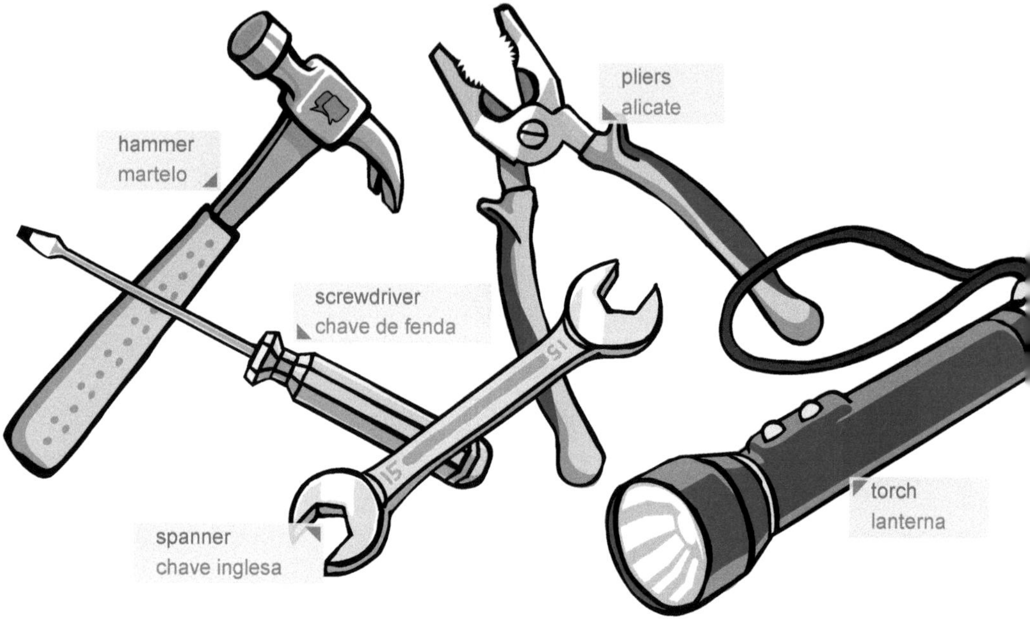
pliers
alicate
hammer
martelo
screwdriver
chave de fenda
torch
lanterna
spanner
chave inglesa

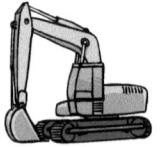

digger
escavadora

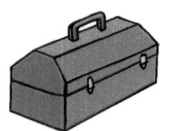

toolbox
caixa de ferramentas

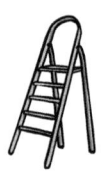

ladder
escada de mão

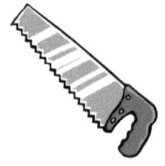

saw
serra

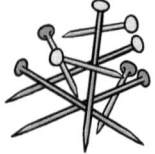

nails
pregos

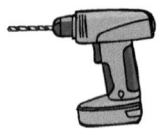

drill
furadeira

repair
consertar

shovel
pá

Damn!
Droga!

dustpan
pá de lixo

paint pot
pote de tinta

screws
parafusos

musical instruments

instrumentos musicais

drum kit
bateria

loudspeaker
alto-falante

guitar
guitarra

double bass
contrabaixo

trumpet
trompete

piano

piano

violin

violino

bass

baixo

timpani

timbales

drums

tambor

keyboard

teclado

saxophone

saxofone

flute

flauta

microphone

microfone

zoo

zoológico

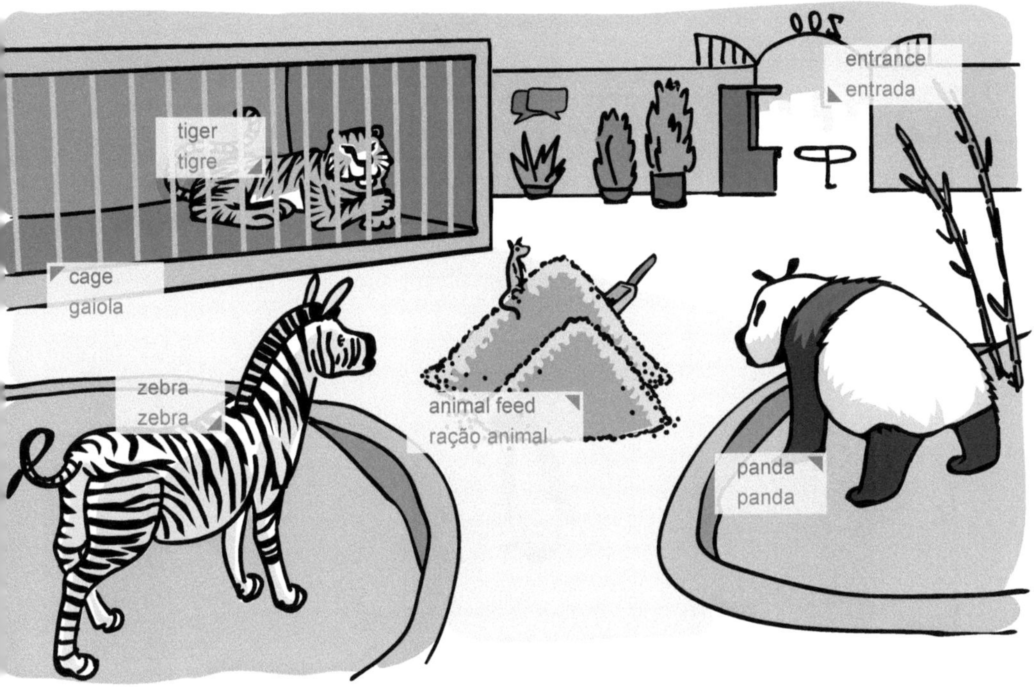
tiger
tigre
entrance
entrada
cage
gaiola
zebra
zebra
animal feed
ração animal
panda
panda

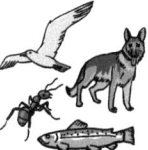

animals

animais

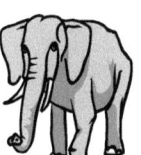

elephant

elefante

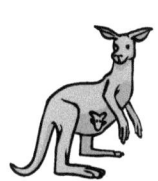

kangaroo

canguru

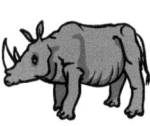

rhino

rinoceronte

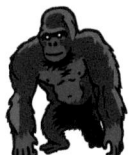

gorilla

gorila

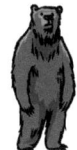

bear

urso

camel

camelo

ostrich

avestruz

lion

leão

monkey

macaco

flamingo

flamingo

parrot

papagaio

polar bear

urso polar

penguin

pinguim

shark

tubarão

peacock

pavão

snake

cobra

crocodile

crocodilo

zookeeper

guarda do zoológico

seal

foca

jaguar

jaguar

zoo - zoológico

pony
....
pônei

leopard
....
leopardo

hippo
....
hipopótamo

giraffe
....
girafa

eagle
....
águia

boar
....
javali

fish
....
peixe

turtle
....
tartaruga

walrus
....
morsa

fox
....
raposa

gazelle
....
gazela

American football
futebol americano

cycling
ciclismo

tennis
tênis

basketball
basquete

swimming
natação

boxing
boxe

ice hockey
hóquei no gelo

football
....
futebol

badminton
....
badminton

athletics
....
atletismo

handball
....
handebol

skiing
....
esqui

polo
....
polo

laugh
rir

jump
pular

hug
abraçar

walk
andar

sing
cantar

dream
sonhar

pray
rezar

kiss
beijar

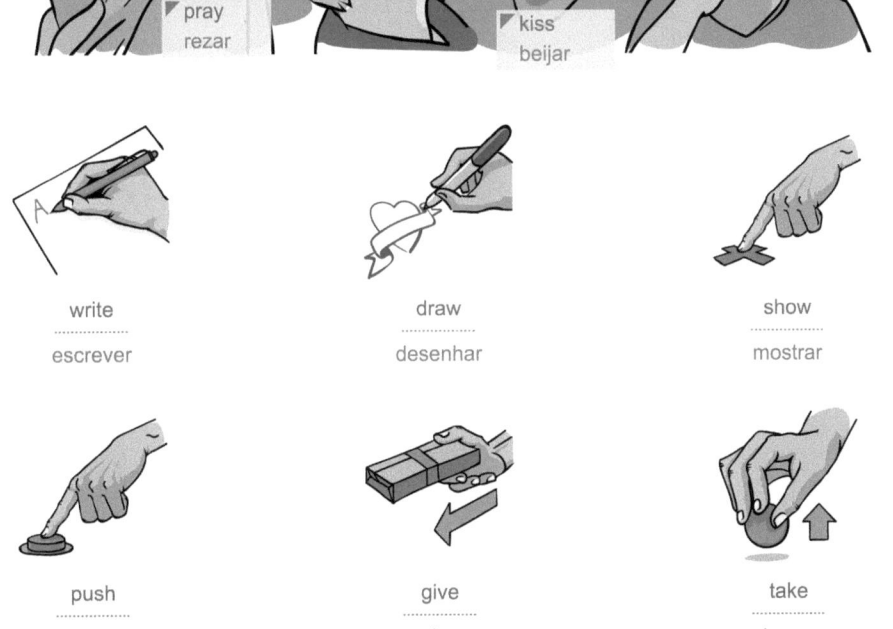

write	draw	show
escrever	desenhar	mostrar

push	give	take
empurrar	dar	tomar

have
ter

do
fazer

be
ser

stand
ficar de pé

run
correr

pull
puxar

throw
jogar

fall
cair

lie
deitar

wait
esperar

carry
carregar

sit
sentar

get dressed
vestir

sleep
dormir

wake up
despertar

look at

olhar para

cry

chorar

stroke

acariciar

comb

pentear

talk

falar

understand

entender

ask

perguntar

listen

ouvir

drink

beber

eat

comer

tidy up

arrumar

love

amar

cook

cozinhar

drive

dirigir

fly

voar

sail

velejar

calculate

calcular

read

ler

learn

aprender

work

trabalhar

marry

casar

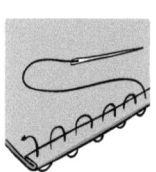

sew

costurar

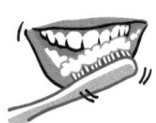

brush teeth

escovar os dentes

kill

matar

smoke

fumar

send

enviar

family
família

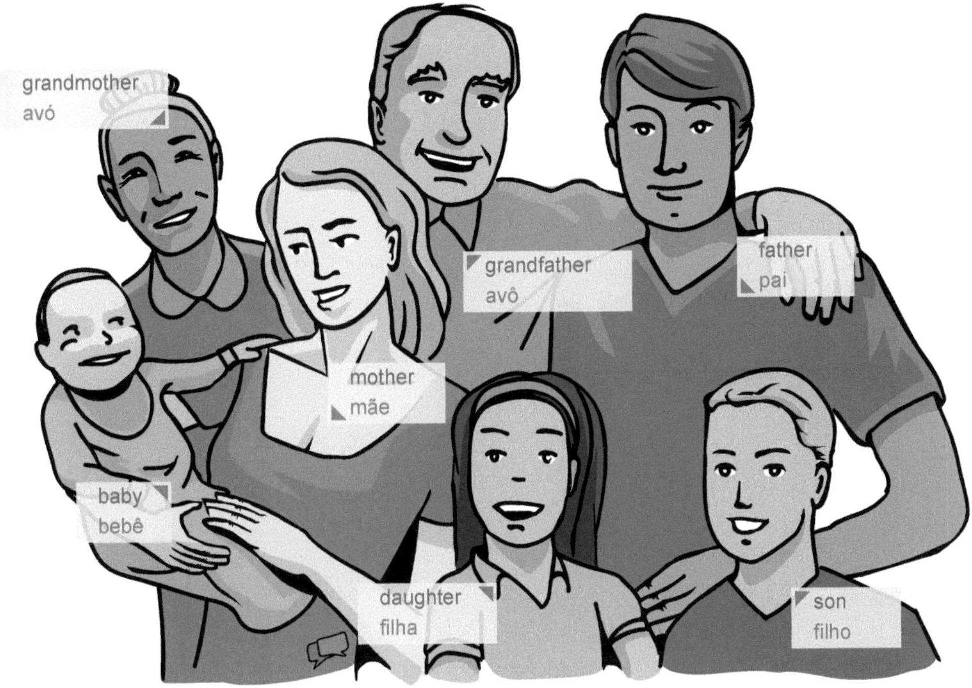
grandmother
avó
grandfather
avô
father
pai
mother
mãe
baby
bebê
daughter
filha
son
filho

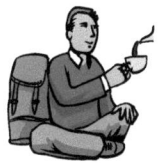

guest
convidado

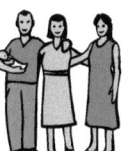

aunt
tia

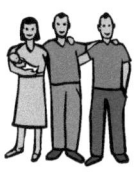

uncle
tio

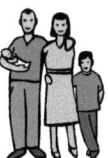

brother
irmão

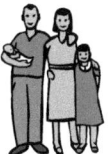

sister
irmã

body

corpo

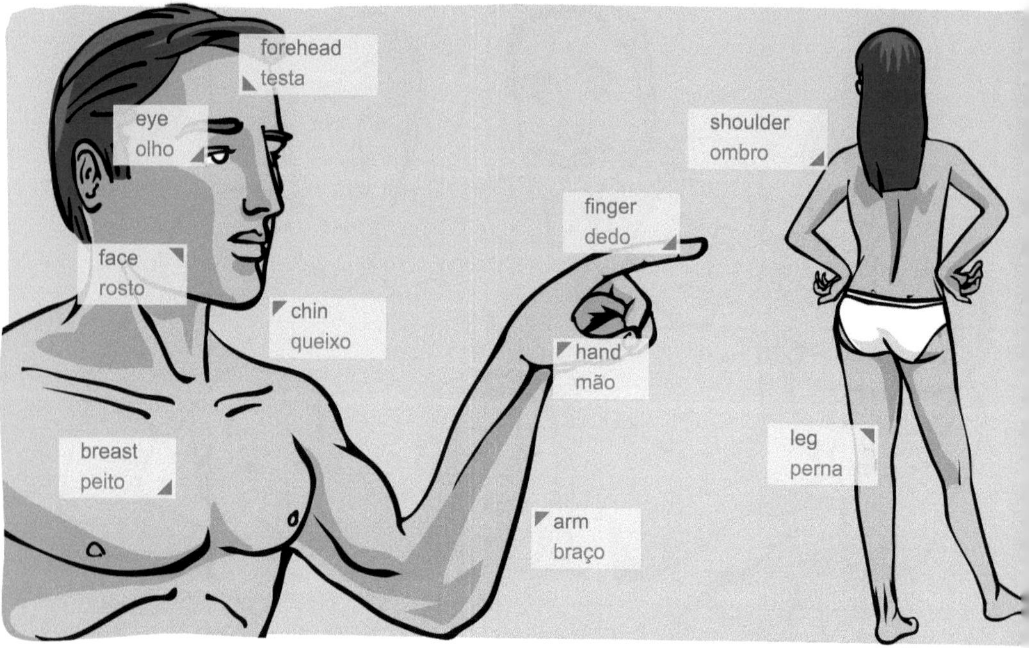

forehead
testa

eye
olho

shoulder
ombro

finger
dedo

face
rosto

chin
queixo

hand
mão

breast
peito

leg
perna

arm
braço

baby

bebê

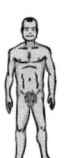

man

homem

woman

mulher

girl

menina

boy

menino

head

cabeça

body - corpo

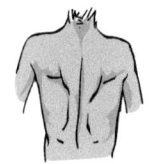

back
costas

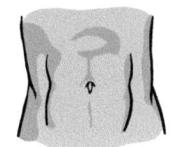

belly
barriga

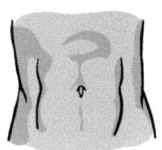

belly button
umbigo

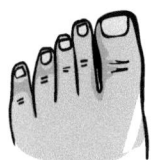

toe
dedo do pé

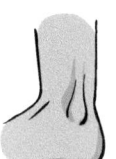

heel
calcanhar

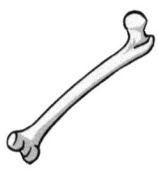

bone
osso

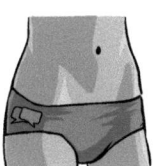

hip
anca

knee
joelho

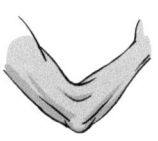

elbow
cotovelo

nose
nariz

bottom
nádegas

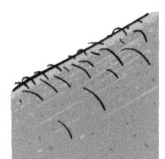

skin
pele

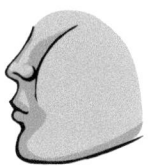

cheek
bochecha

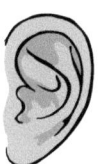

ear
orelha

lip
lábio

body - corpo

mouth

boca

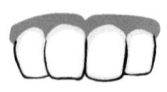

tooth

dente

tongue

língua

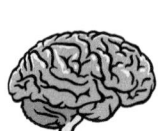

brain

cérebro

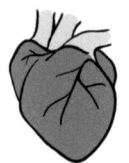

heart

coração

muscle

músculo

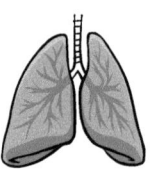

lung

pulmão

liver

fígado

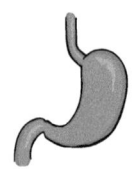

stomach

estômago

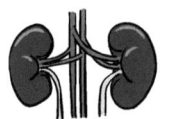

kidneys

rins

sex

relações sexuais

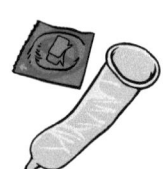

condom

preservativo

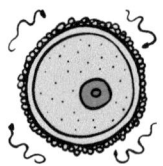

ovum

óvulo

semen

esperma

pregnancy

gravidez

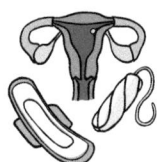

menstruation

menstruação

vagina

vagina

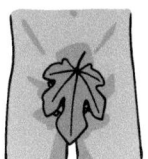

penis

pênis

eyebrow

sobrancelha

hair

cabelo

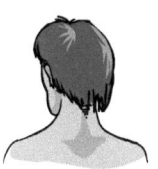

neck

pescoço

hospital
hospital

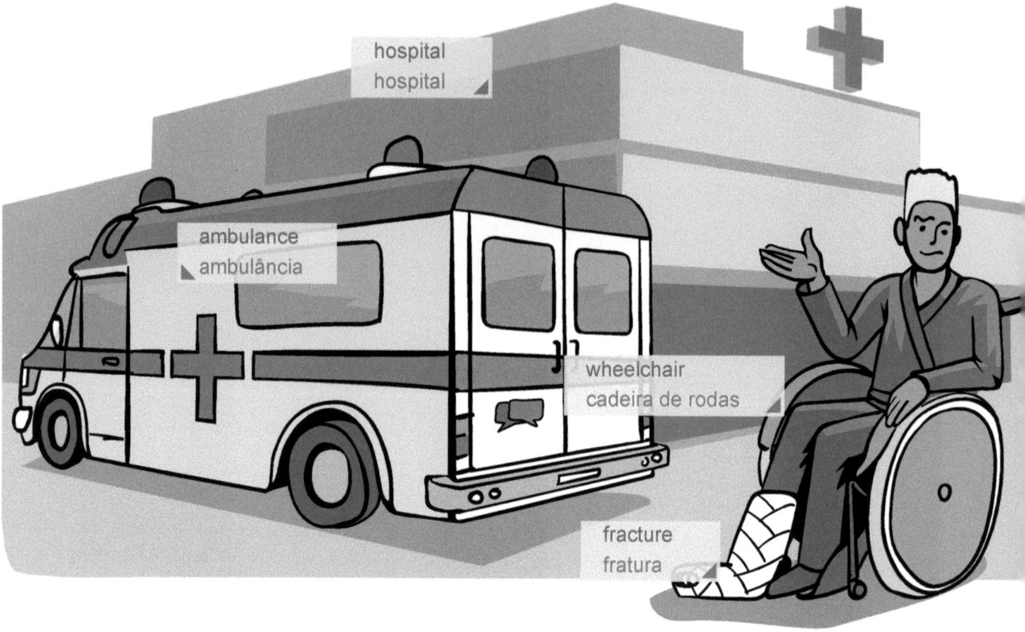

hospital
hospital
ambulance
ambulância
wheelchair
cadeira de rodas
fracture
fratura

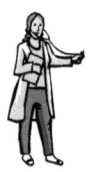

doctor

médico

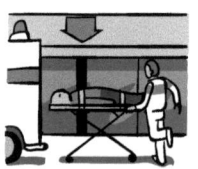

emergency room

pronto-socorro

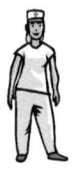

nurse

enfermeira

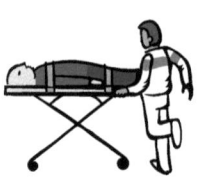

emergency

emergência

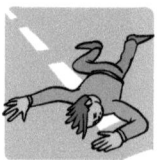

unconscious

inconsciente

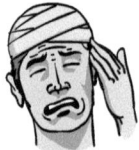

pain

dor

injury

ferimento

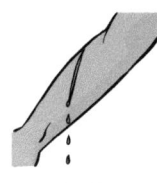

bleeding

hemorragia

heart attack

ataque cardíaco

stroke

acidente vacular cerebral

allergy

alergia

cough

tosse

fever

febre

flu

gripe

diarrhoea

diarreia

headache

dor de cabeça

cancer

câncer

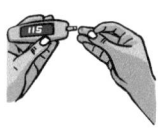

diabetes

diabetes

surgeon

cirurgião

scalpel

bisturi

operation

operação

CT

CT

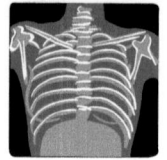

x-ray

raio x

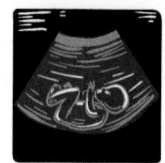

ultrasound

ultrassom

face mask

máscara

disease

doença

waiting room

sala de espera

crutch

muleta

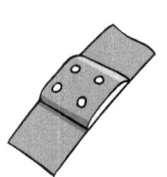

plaster

bandeide

bandage

ligadura

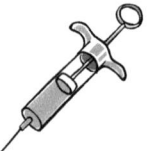

injection

injeção

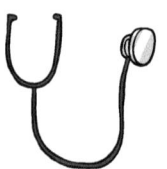

stethoscope

estetoscópio

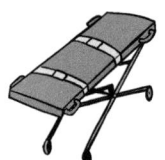

stretcher

maca

clinical thermometer

termômetro

birth

nascimento

overweight

excesso de peso

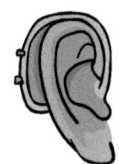

hearing aid

aparelho auditivo

disinfectant

desinfetante

infection

infecção

virus

vírus

HIV / AIDS

HIV / AIDS

medicine

medicamento

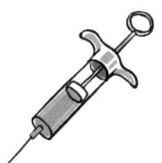

vaccination

vacinação

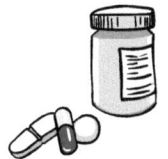

tablets

comprimidos

pill

pílula

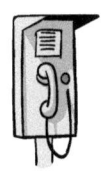

emergency call

chamada de emergência

blood pressure monitor

dispositivo de medição de
pressão arterial

ill / healthy

doente / saudável

hospital - hospital

Help!

Socorro!

alarm

alarme

assault

assalto

attack

ataque

danger

perigo

emergency exit

saída de emergência

Fire!

Fogo!

fire extinguisher

extintor de incêndios

accident

acidente

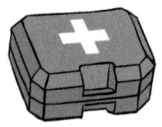

first-aid kit

maleta de primeiros
socorros

SOS

SOS

police

polícia

Europe

Europa

North America

América do Norte

South America

América do Sul

Africa

África

Asia

Ásia

Australia

Austrália

Atlantic

Atlântico

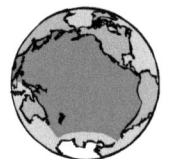

Pacific

Pacífico

Indian Ocean

Oceano Índico

Antarctic Ocean

Oceano Antártico

Arctic Ocean

Oceano Ártico

North Pole

Polo Norte

South Pole

Polo Sul

Antarctica

Antártica

Earth

Terra

land

terra

sea

mar

island

ilha

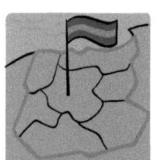

nation

nação

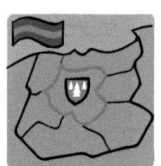

state

estado

clock face

mostrador do relógio

hour hand

ponteiro das horas

minute hand

ponteiro dos minutos

second hand

ponteiro dos segundos

What time is it?

Que horas são?

day

dia

time

tempo

now

agora

digital watch

relógio digital

minute

minuto

hour

hora

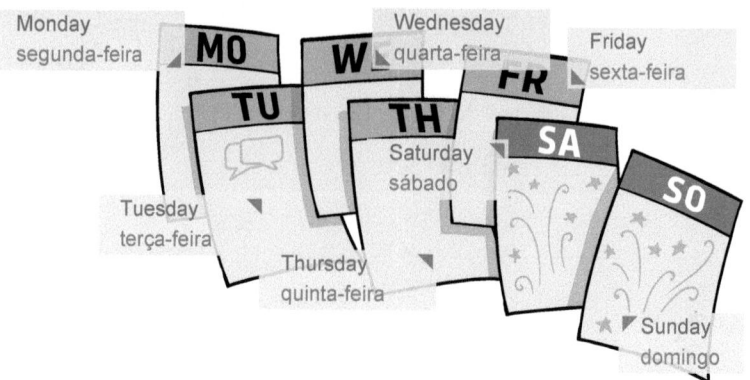

Monday
segunda-feira

Wednesday
quarta-feira

Friday
sexta-feira

Tuesday
terça-feira

Saturday
sábado

Thursday
quinta-feira

Sunday
domingo

yesterday

ontem

today

hoje

tomorrow

amanhã

morning

manhã

noon

meio-dia

evening

entardecer

business days

dias úteis

weekend

fim de semana

year

ano

rain
chuva
spring
primavera
summer
verão
wind
vento
autumn
outono
snow
neve
winter
inverno

4.APRIL 11°
5.APRIL 4°
6.APRIL 13°
7.APRIL 8°
8.APRIL 10°

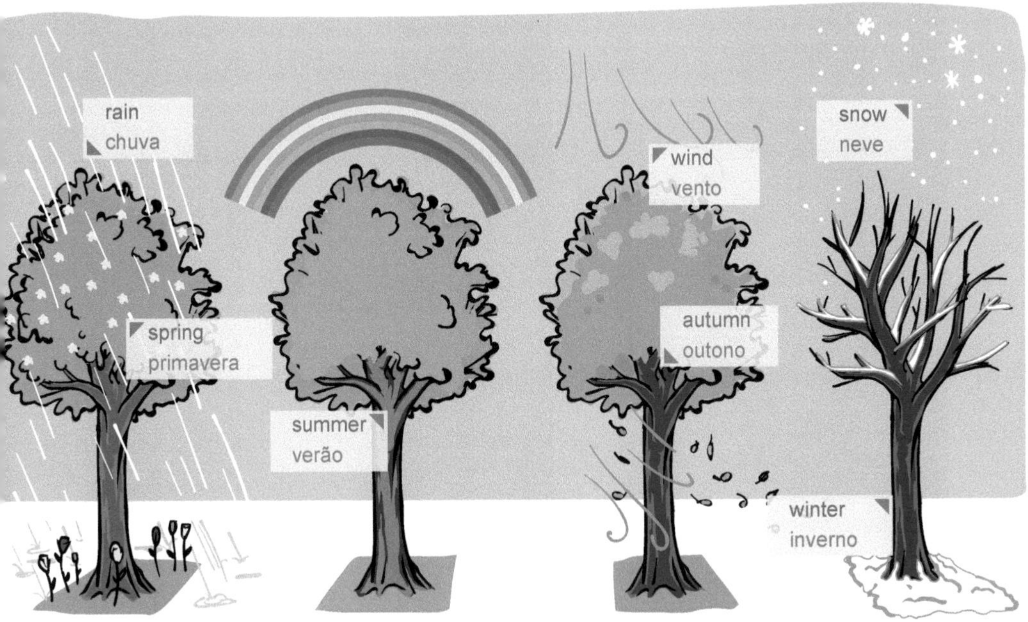

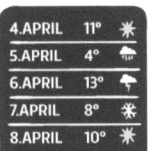

weather forecast

previsão do tempo

F
C

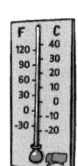

thermometer

termômetro

sunshine

raio de sol

cloud

nuvem

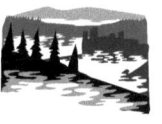

fog

neblina / nevoeiro

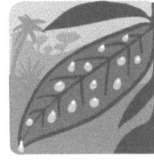

humidity

umidade do ar

lightning

relâmpago

thunder

trovão

storm

tempestade

hail

granizo

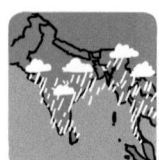

monsoon

monção

flood

inundação

ice

gelo

January

janeiro

February

fevereiro

March

março

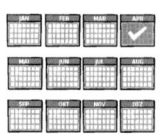

April

abril

May

maio

June

junho

July

julho

August

agosto

year - ano

September
....
setembro

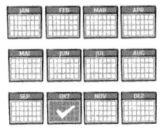

October
....
outubro

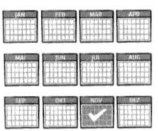

November
....
novembro

December
....
dezembro

shapes

formas

formas

circle
....
círculo

square
....
quadrado

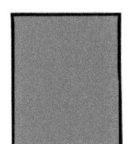

rectangle
....
retângulo

triangle
....
triângulo

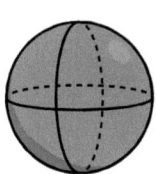

sphere
....
esfera

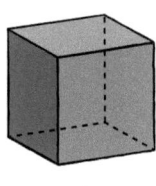

cube
....
cubo

colours

cores

white
....
branco

yellow
....
amarelo

orange
....
laranja

pink
....
rosa

red
....
vermelho

purple
....
lilás

blue
....
azul

green
....
verde

brown
....
marrom

grey
....
cinza

black
....
preto

a lot / a little

muito / pouco

angry / calm

furioso / tranquilo

beautiful / ugly

lindo / feio

beginning / end

começo / fim

big / small

grande / pequeno

bright / dark

claro / escuro

brother / sister

irmão / irmã

clean / dirty

limpo / sujo

complete / incomplete

completo / incompleto

day / night

dia / noite

dead / alive

morto / vivo

wide / narrow

largo / estreito

edible / inedible

comestível / não comestível

evil / kind

mau / gentil

excited / bored

entusiasmado / entediado

fat / thin

gordo / magro

first / last

primeiro / último

friend / enemy

amigo / inimigo

full / empty

cheio / vazio

hard / soft

duro / macio

heavy / light

pesado / leve

hunger / thirst

fome / sede

ill / healthy

doente / saudável

illegal / legal

ilegal / legal

intelligent / stupid

inteligente / idiota

left / right

esquerda / direita

near / far

perto / longe

opposites - opostos

new / used

novo / usado

nothing / something

nada / alguma coisa

old / young

velho / jovem

on / off

ligado / desligado

open / closed

aberto / fechado

quiet / loud

baixo / alto

rich / poor

rico / pobre

right / wrong

certo / errado

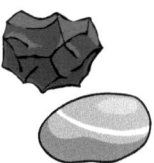

rough / smooth

áspero / liso

sad / happy

triste / feliz

short / long

curto / longo

slow / fast

lento / rápido

wet / dry

molhado / seco

warm / cool

ameno / fresco

war / peace

guerra / paz

opposites - opostos

numbers
números

0

zero
zero

1

one
um

2

two
dois

3

three
três

4

four
quatro

5

five
cinco

6

six
seis

7

seven
sete

8

eight
oito

9

nine
nove

10

ten
dez

11

eleven
onze

12

twelve

doze

13

thirteen

treze

14

fourteen

quatorze

15

fifteen

quinze

16

sixteen

dezesseis

17

seventeen

dezessete

18

eighteen

dezoito

19

nineteen

dezenove

20

twenty

vinte

100

hundred

cem

1.000

thousand

mil

1.000.000

million

milhão

English

inglês

American English

inglês americano

Chinese Mandarin

chinês mandarim

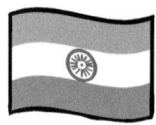

Hindi

hindi

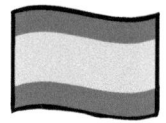

Spanish

espanhol

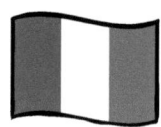

French

francês

Arabic

árabe

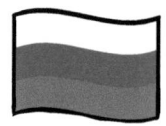

Russian

russo

Portuguese

português

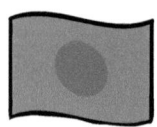

Bengali

bengalês

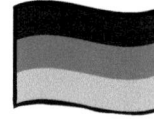

German

alemão

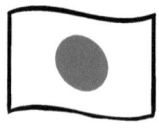

Japanese

japonês

I
eu

you
você

he / she / it
ele / ela

we
nós

you
vocês

they
eles / elas

who?
quem?

what?
O quê?

how?
como?

where?
onde?

when?
Quando?

name
nome

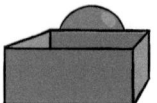

behind

atrás

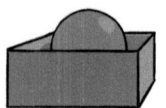

in

em

in front of

na frente de

over

sobre

on

em cima

under

debaixo

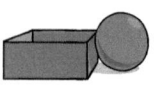

beside

do lado

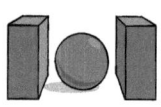

between

entre

place

lugar